www.tredition.de

Hans Schwarz

Rattenpack
in Richterroben

GG – Grauenhafte Gesetzmäßigkeiten

www.tredition.de

© 2019 Hans Schwarz

Verlag und Druck: tredition GmbH, Halenreie 40-44, 22359 Hamburg

ISBN
Paperback: 978-3-7482-3178-3
Hardcover: 978-3-7482-3179-0
e-Book: 978-3-7482-3180-6

Rattenpack in Richterroben

Es verärgert mich nun schon mehr als mein halbes Leben, dass vor dem Gesetz angeblich alle gleich sind. Ja richtig: angeblich!

Die Realität sieht anders aus, denn es gibt eine Art Parallelwelt mit eigenen Gesetzmäßigkeiten: die Welt der Justiz im weitesten Sinne, die mich verärgert und anekelt – in all ihrer Verlogenheit und Doppelmoral, weil sich die Juristen, die diese Welt erschufen, frei nach dem Motto „Wer das Kreuz hat, der segnet sich" agiert haben.

Es gibt Besonderheiten in diesem Kosmos, die mit gesundem Menschenverstand eher nicht zu erklären sind, wenn man Moral und echtes Recht zugrunde legt. Mit „echtem" Recht meine ich, Recht nach moralischen Prinzipien, aufrichtigem Rechtsempfinden, und nicht nach irgendwelchen Paragraphen und Artikeln, die sich oftmals widersprechen und deren Sinnhaftigkeit sich dem denkenden Normalsterblichen eher nicht erschließt. Bei mir persönlich ist es so, dass ich manches überhaupt nicht verstehen will – „verstehen" im Sinne von gutheißen; denn klar, verstehen kann man alles irgendwie, aber dies ist dann ein Verstehen im Sinne von erklären.

Eine Erklärung ist aber keine Wertung, sondern eine Art Nachvollziehen von Abläufen, die sich gegenseitig bedingen. Erklären kann man alles Mögliche – Krieg, Raub, Mord und Todschlag, Völkermord, Erpressung, Drogenhandel, Organhandel, Prostitution, Kinderpornografie, Auftragsmord, Folter, usw.! Diktaturen (sogar unsere parlamentarische), die Vergasung von Juden oder auch Guantanamo und nordkoreanische Atomtests. All das lässt sich erklären.

Aber die Erklärung von allem, was eigentlich nicht sein darf, ist immer wieder sehr einfach, Unmoral, also Machtgeilheit, die Geldgier oder auch Sadismus bedingt, und alle Prinzipien, die angeblich den Menschen ausmachen, verspotten, bespucken und bescheißen!

Edel sei der Mensch hilfreich und gut ..., üb immer Treu und Redlichkeit ...!

Diese Sprüchlein und Parolen gelten für den kleinen Mann, propagiert von den Oberen, um das Volk gefügig zu machen. Die Machthaber und Großkotze haben ihr eigenes Regelwerk, nach dem sie schalten, walten, bescheißen, lügen, unterdrücken und das Recht beugen und die Wahrheit verdrehen. Wenn sie aus Unmoral,

Recht haben wollen, wird ein passendes Gesetz erschaffen oder ein bestehendes einfach geändert. Dafür gibt es dann Juristen, Rechtswissenschaftler, Experten und Expertenausschüsse, um dem Ganzen Seriosität zu verleihen und eventuelle Zweifler vorauseilend mundtot zu machen; und das Ganze dann noch im Namen des Volkes – ha, ha, ha.

Wir alle wissen, laut Grundgesetz geht alle Macht vom Volke aus, wir wollten ja auch alle den Euro und wir schaffen das.

Recht und Moral, sind zumindest aus meiner laienhaften, unstudierten, also unkonditionierten Sicht nicht das Gleiche, denn ich habe mir einen klaren Blick und eine weitgehende Selbsttreue nicht aberziehen lassen. Das macht das Leben aber nicht leichter!

Der Titel

bezieht sich in erster Linie auf einen krassen das Recht sowie das Grundgesetz verspottenden Missstand, der offensichtlich gängige Praxis ist und der mich in jüngerer Zeit extrem verärgert hat. Ich bin kein Rechtsgelehrter bzw. Rechtsentleerter, weshalb ich die Auslegung oder besser gesagt die missbräuchliche Falschauslegung von Artikel 97 GG nicht nachvollziehen kann und will.

Ich habe mich über einen Stendaler Richter beschwert, der in einem Gerichtsbeschluss einen derartigen geistigen Dünnschiss zu Papier gebracht hatte, dass jeder normal Sterbliche bei ähnlichem Verhalten und Handeln psychologisch überprüft und anschließend vermutlich entmündigt und ins betreute Wohnen überführt worden wäre. Aber nicht so ein Richter, nein, ein Richter hat Sonderrechte – oder „Sonderunrechte", denn er wird mit der Floskel, dass er nur seinem Gewissen (dass ich nicht lache!) verpflichtet sei, von seinen Kollegen oder besser Seilschaften gedeckt.

Es wird von richterlicher Unabhängigkeit gesülzt und davon, dass aus diesem Grund keine sachliche Überprüfung zulässig sei! Der Gedanke an diesen Missbrauch, nein, diese Vergewaltigung des an sich wohl gut gemeinten Grundgesetzartikels lässt meinen Blutdruck steigen und ich könnte angesichts dieser Doppelmoral kotzen! Aus diesem Grund habe ich konsequent gehandelt und den betreffenden Richter (am 17.01.19) wegen Rechtsbeugung angezeigt. Es ist mir klar, dass auch diese Anzeige im Sande verlaufen wird. (Nachtrag: Mit Schreiben vom 29.01.2019 wurde natürlich alles abgewiesen und allein die Bearbeitungs- oder Nichtbearbeitungsdauer lässt mich anzweifeln, ob überhaupt die Richtigkeit des Handelns des Richters überprüft wurde.) Die Staatsanwaltschaft wird mit viel Fantasie versuchen, aus der Tatsache, dass ich meiner Bürgerpflicht und meinem Gewissen gefolgt bin, etwas gegen mich zu konstruieren, mit der Zielsetzung, mich mundtot zu machen.

Eigentlich müsste ich die Experten, die die Beschwerden abgelehnt haben auch noch anzeigen, weil ich der Meinung bin, dass es Willkür sein muss und Rechtsbeugung ist, dass der Artikel 97 GG in derart missbräuchlicher Form vergewaltigt wird.

So blöd kann keiner sein – und die im Studium anerzogene, konditionierte Betriebsblindheit darf auch nicht so weit gehen, dass Unmoral einfach zu Recht mutiert!

Jeder Trottel muss, wenn er Mist gemacht hat, dafür geradestehen, zumindest gilt dies für „Otto Normalverbraucher". Und selbst Geldsäcke und Kriminelle in Aufsichtsräten bekommen gelegentlich Konsequenzen zu spüren, weil sie entweder nicht geschickt genug ein Bauernopfer präsentieren oder weil die Untat derart klar auf der Hand liegt, dass es der Justiz unumgänglich erscheint, in Tätigkeit zu verfallen, um den Schein von Recht wenigstens etwas zu wahren.

Mir persönlich erscheinen die Konsequenzen allerdings häufig sehr merkwürdig, denn 3.100 Euro tägliches Ruhegeld für den einen oder 3 Jahre und 6 Monate bei 43 Millionen Steuerhinterziehung für den anderen – derart harte Konsequenzen bringen schon meinen Glauben an die viel beschworene Rechtsstaatlichkeit ordentlich ins Wanken. Für rund 3.412 Euro hinterzogene Steuer 1 Tag Haft ist nach meinem Empfinden schon sehr merkwürdig, zumal jemand, der derart viel hinterziehen kann, doch wohl sowieso genug und noch mehr hat und daher aus meiner kindlich naiven Sicht schuldig und noch mehr als schuldig ist. Dann noch Entlassung nach 0,5 x Strafe auf Bewährung, ergibt 6.824 Euro/Tag.

Aber okay, ich bin nur ein blöder Handwerker und kein Volljurist, ich habe Moralvorstellungen, die ich vertrete, und es mangelt mir auch an krimineller Energie für eine Politikerlaufbahn.

Ich bin ein Loser aber gerade diese Tatsache erfüllt mich mit Stolz! Wenn Mist gemacht werden sollte, habe ich mich des Öfteren geweigert und offen widersprochen, was mich auch schon den ein oder anderen Arbeitsplatz gekostet hat. Aber ich kann vor mir selbst geradestehen, ohne die 1,6 Promille und die „Der-Tag-ist-schön-Mentalität" und auch ohne, dass ich virtuelle Burgen, Schlösser und Imperien erschaffen muss, um mir selbst in einer Scheinrealität vorzugaukeln, wie toll ich bin.

Das ist doch auf jeden Fall was wert, oder?

<u>Genug Eigenlob – zurück zu den Richtern.</u> Bei Richtern hätte ich vor einigen Jahren noch angenommen, dass sie mindestens zu 99,8 Prozent Menschen mit

Werten und Moralvorstellungen sind, die ich gutheißen kann, aber in den letzten Jahren hat sich dies gewandelt. Auch in der Vergangenheit hatte ich schon mal mit einer Richterin zu tun, die aus meiner Sicht eine Schande für die Richterschaft, für die Moral sowie die Rechtsstaatlichkeit ist, da Recht und Gerechtigkeit sie offensichtlich nicht interessieren.

Mir ist nicht bekannt, ob sie in Nordkorea Jura studiert hat – mit den Schwerpunkten „Bürgerunterdrückung professionell" und „Rechtsverdrehen für Fortgeschrittene". Aber ich weiß, diese Richterin ist aus meiner Sicht eine echte Zumutung, aller Lautz und Freisler. Ein eiterndes Geschwür im Fleisch des Rechtes und der Moral. Aber irgendwie wollte ich glauben, dass dies ein Einzelfall sei, eben die beerühmte Ausnahme von der Regel, ein bedauerlicher Ausrutscher.

Heute bin ich nicht wesentlich schlauer, noch immer möchte ich an das Gute glauben, aber mein lebenslanges Studium, als Handwerker das Leben studierend, auf der Universität Erde im Komplex Europa, Abteilung BRD, hat mich eines Schlechteren belehrt. Derartiges gibt es offensichtlich des Öfteren, wie mir die letzten Jahre gezeigt haben, und das Ganze scheint irgendwie System zu haben.

Welch ein Trauerspiel und was für eine Schande für unseren angeblichen Rechtsstaat – in dem es keinen Volksentscheid auf Bundesebene gibt, aber dies ist ein anderes Thema, das mich ebenfalls verärgert.

Gewissen, Gewissensentscheidung, seinem Gewissen verpflichtet sein!

Was bedeutet dies alles eigentlich und warum soll ein Richter irgendwelche Sonderrechte haben, die das Grundgesetz besudeln und den Richtereid beschmutzen? Warum sind vor dem Gesetz alle gleich und manche gleicher? Wie kann so etwas richtig sein?

Die Antwort ist denkbar einfach – zumindest für mich als Normalsterblichen.

Es kann und darf nicht sein. Es ist moralverspottend, es ist Unrecht!

Der Gleichbehandlungsgrundsatz steht der praktizierten Tatsache, dass Richter sich in einer Art Rechtsvakuum bewegen, entgegen!

Diese mir unerträgliche Praxis der Verlogenheit resultiert aus kollektiver und missbräuchlicher Falschauslegung und Falschanwendung von Artikel 97 GG durch die Richterschaft und den Staat, der wegsieht. Gewissensentscheidung, gut und schön, aber würde man heute beispielsweise Adolf Hitler befragen – er hätte vermutlich kein Problem mit seinem Gewissen. Oder Mengele. Auch dieser würde vermutlich mit seinem Gewissen vereinbaren können, was er tat und was auf sein Geheiß geschah. Menschenversuche an Untermenschen – alles kein Problem. Massenmord, Bomben, Raketen, Panzer, alles bestens, die beiden fanden ihr Handeln völlig in Ordnung, sonst hätten sie ziemlich wahrscheinlich anders gehandelt. Also trotz aller Verbrechen ihr Gewissen wäre blütenrein. Würde man sie heute befragen, fänden sich die Beiden toll. Dies wäre vollkommen krank, aber von Gewissenskonflikten wäre vermutlich nicht die geringste Spur zu erkennen.

Ganz im Gegenteil, sie würden sich in ihrer Selbstverliebtheit und faktischen Unangreifbarkeit sonnen und auf mich ähnlich lächerlich und ekelhaft wirken, wie mancher real existierende Jurist oder auch Politiker, der ohne auch nur kleinste Gewissensbisse Unrecht, Schwachsinn und Unmenschlichkeit lebt und traurige Realität werden lässt. Soweit so schlecht, nicht alles, was ein kranker Geist vor seinem Gewissen vertreten kann und vertritt, hält einer moralischen Bewertung stand; wenn es dann noch so weit geht, dass Fakten verkannt und Einlassungen verdreht werden, was ich erlebt habe und belegen kann, dann hat dies nichts mit richterlicher Unabhängigkeit zu tun, sondern es handelt sich um existentes Unrecht, das bekämpft werden muss!

Wer weiß, eventuell ist die Falschauslegung der richterlichen Unabhängigkeit aus einer Art Abhängigkeit erwachsen, einer krankhaften Geilheit nach einer Art gottgleicher Unangreifbarkeit, dem dümmlichen Wunsch, übergeordnet zu sein. Ein kollektives Verbrechen, der Justiz, gegen das Volk, geschützt durch die juristische Parallelwelt, die sich selbst erschaffen hat und nur allzu oft wenig bis nichts mit gesundem Rechtsempfinden zu tun hat. Ich für meinen Teil denke, wenn Juristen im weitesten Sinne, also auch Richter und Staatsanwälte, Leistungslohn bekommen würden, wäre ein riesiger Anstieg bei der Zahl der „Aufstocker" zu verzeichnen. Aber die Gesamtkosten für die sogenannte Rechtspflege, die aufgrund von Rechtsflegeln eine Art Pflegefall ist, würden dramatisch sinken, denn im Verhältnis zur Leistung sind nur allzu viele Staatsbedienstete überbezahlt.

<u>Gewissen, im Zweifelsfalle für den Angeklagten, die Unschuldsvermutung, der Anscheinsbeweis</u>, was für ein dummes Juristengewäsch, debiles und krankes Gelalle. Im Grunde bräuchte man nur die 10 Gebote bzw. das Sprüchlein „Was du nicht willst, was man dir tut …". Es könnte alles so einfach sein, ginge es nach echtem, unverfälschtem Recht und moralischen Prinzipien. Was dabei auf der Strecke bleiben würde, wäre mit Gewissheit nicht das Recht, sondern die, die sich den Kosmos der Undurchsichtigkeit und Widersprüche erschaffen haben

und damit Macht ausüben, über das Recht und leider allzu oft gegen die Moral!

Vom Menschen zum Juristen

Im Leben gibt es Ähnlichkeiten auf allen Ebenen und in allen Bereichen. Es sind immer ähnliche Charaktere, die in ähnlichen Positionen auftauchen. Zuhälter beispielsweise sind gewaltbereiter als Krankenschwestern und Bankräuber, Auftragsmörder haben andere Charakterzüge als Tierpfleger. All diese Menschen haben aber eine Gemeinsamkeit: Sie stehen mit einer gewissen Aufrichtigkeit zu und hinter ihrem Tun. Juristen sind nach meiner Beobachtung ein Sonderfall, was in ihrer Spätsozialisation in der Parallelwelt der Juristerei begründet liegt. Im Studium werden Floskeln gedroschen, es wird auswendig gelernt, rezitiert und es wird scheinanalysiert. Alle werden bestmöglich auf Lehrmeinungen eingenordet, was wichtig ist, um den Arterhalt der Spezies Jurist zu gewährleisten, die in ihrem Elfenbeinturm ein lukratives Schmarotzertum fristet und sich hinter den Kulissen die Hände reibt. Die sich selbst bedingende Existenz des Rechtssystems, das allzu oft ein Unrechtssystem ist, wird während des Studiums, das einer Konditionierung ähnelt, hochgehalten. Kommt es zu kritischem Hinterfragen, was unerwünscht ist, heißt es zielsicher und einschüchternd: „Das gehört nicht zum Thema." Doch eine derartige Ansage, die oft in vielen Bereichen gemacht wird, ist nicht richtig und jede Frage die das Thema Recht berührt, sollte doch wohl bei einem Studium der Rechtswissenschaften grundsätzlich zum Thema gehören.

Wird zu oft und zu kritisch nachgefragt, legt man dem Studierenden eine Umorientierung nahe. Durch schlechte Bewertungen etc. wird mehr und mehr Druck aufgebaut. Um die Homogenität der Gruppe nicht zu gefährden, wird darauf hingewirkt, Denkerund Hinterfrager, die sich nicht konditionieren lassen wollen, auszusortieren. Dieses traurige Phänomen der Unmoral ist aber allgegenwärtig und nicht nur den Juristenseilschaften zuzuschreiben! Gleich und Gleich gesellt sich gern, und wer nicht passt, wird passend gemacht. Eine allgegenwärtige Realität.

Rechtswissenschaften,

was soll das sein? Ich für meinen Teil behaupte von mir, in meiner dreisten Selbstüberschätzung und unverschämten Art, dass ich seit frühester Kindheit den Unterschied zwischen Recht und Unrecht kenne. Kinder haben sowieso einen unverfälschten Blick und ein feines Gespür für Gerechtigkeit. Moral, Recht, Gerechtigkeit, ich behaupte von mir auch heute noch, dass ich als Kind wusste, was Recht ist, ebenso wie ich wusste, weshalb und wie man sich den Arsch abputzt.

Folglich sehe ich die Rechtswissenschaften mit kritischem Blick, denn es will mir nicht einleuchten, dass eine Selbstverständlichkeit verwissenschaftlicht wird. Was soll Derartiges? Und wenn Verstand im Sinne von gesundem Menschenverstand daran wäre, müsste es ja auch einen Studiengang „Arschabputzwissenschaften" geben, mit Dozenten, Professoren und Doktoren. Diese würden sich dann mit Themen wie Stuhlbeschaffenheit in Abhängigkeit von Art, Menge und Zusammensetzung sowie Uhrzeit der Nahrungsaufnahme in Verbindung mit unterschiedlichen Bewegungsmustern der Probanden befassen – fast ohne Sinn und Verstand, rührend in einer selbstkreierten Thematik, die ja dann eine hohe Kunst wäre und zwar durch Verwissenschaftlichung: der Unterschied beim Schiet – wissenschaftliche Nanopartikelanalyse von Kot gleicher Färbung und Beschaffenheit von Probanden aus verschiedenen Lebensumfeldern mit Graphiken bezüglich der abgegebenen Urinmenge sowie Urin- und Kottemperatur. Es würde wahrlich Scheißthemen bis zum Erbrechen geben, die niemand braucht.

Welch eine Unmenge an Scheiße könnte so mutieren, zu wissenschaftlichen Abhandlungen und Doktorarbeiten. Papier und Datei gewordene Scheiße, im doppelten

Sinne und in unvorstellbarer Menge. Ja, genau so ist es, aus Scheiße lässt sich nicht nur Biogas generieren.

Hoffentlich stoße ich nicht gerade eine Entwicklung an, die ich ablehne. Durchaus denkbar in einem Land, das Glyphosat zulässt und Wildpinkeln sanktioniert, um beim Thema Ausscheidungen zu bleiben. Es gibt in unserem Land, der BRD, leider unendlich viele Widersprüche, aber dazu später oder ein andermal. Diesmal ist Recht oder auch Unrecht mein Thema, aber wir sind umgeben von derart vielen Ärgernissen, von Widersinn und Willkür, dass es mir schwer fällt, nicht den Faden zu verlieren, und ich kann dies zugeben, denn ich bin ja kein studierter Fachidiot der Fachrichtung „Was auch immer", der sich für unfehlbar hält.

Es ist kein Problem für mich, dass ich nicht perfekt bin, kein Problem, denn ich bin nur ein Mensch, beeinflusst von Emotionen, herumirrend im Hier und Jetzt und stetig suchend nach Erkenntnis, dem Stein der Weisen, dem Ariadnefaden, der Dose der Pandora. **Ein Nichts im All!** Gefangen in der Allgegenwart des professionellen Schwachsinns und Unrechts. **Jurist zu sein ist** ein gut bezahlter Job, nein, kein guter Verdienst, sondern eine gute Bezahlung. Das Wort „Verdienst" finde ich persönlich unpassend, weil es eine Belohnung für eine erbrachte Leistung beschreibt. Mit dem Anwaltshonorar ist es auch so eine Sache, die Mentalität der Selbstbedienung ist, hier meiner Meinung nach, deutlich erkennbar. Ein Anwalt geht nie leer aus, selbst wenn er sein Mandat niederlegt oder auch seinen Job nicht vernünftig oder auch gar nicht macht – sein Honorar hat er in jedem Fall im Sack. Eine Traumvorstellung für jeden, der nur auf Geld aus ist. Man stelle sich einen Dachdecker vor, der einen großen Auftrag annimmt, dann alles hinschmeißt und die gesamte Auftragssumme kassiert. Dies würde wohl kaum Duldung finden, außer eventuell am Flughafenneubau BER, wenn entsprechende Teile der Summe zu Entscheidungsträgern sickern würden, aber ich schweife ab.

Noch ein Beispiel. Stellen Sie sich einen Elektroinstallationsbetrieb vor, der nur Scheiße macht, alle Regeln der Technik und jedwede Arbeitsmoral außen vorlässt und Ihnen anschließend, obwohl klar ist, dass sogar Schaden entstanden ist, eine fette Rechnung präsentiert. Was würden Sie tun? Doch wohl nicht, ohne zu Widerspruch zahlen, oder etwa doch?

Stellen Sie sich nun ein ähnliches Szenario mit einem Rechtsanwalt vor. Nun, was fällt Ihnen auf? Beim Anwalt würden sie vermutlich zahlen, mit dem Gedanken „Da kommt man eh nicht gegen an". Habe ich Recht? Vermutlich ja! Was nun aber das Ganze noch verwerflicher macht, ist das zumindest nach meinem Empfinden ein Anwalt für Recht und Moral stehen sollte – ja: sollte, denn die Realität ist eine andere. Der wahre Glaube allzu vieler Juristen ist der Glaube ans Geldmachen. Ja „machen", nicht „verdienen"!

Aus meiner Weltsicht ist das Handeln manch eines Verbrechers oder Betrügers weniger verlogen als das unmoralische Handeln von studierten anerkannten Rechtswissenschaftlern, von Volljuristen, die ihr selbst erschaffenes System zur Legalisierung ihres unmoralischen Treibens nutzen, und faktisch kaum angreifbar sind, wenn man Selbstjustiz ausschließt! Unwahrscheinlich inspirierend ist die Kommunikation mit Ämtern, Behörden, Gerichten, Staatsanwaltschaften oder auch Ministerien. Mir fallen immer mehr Verwünschungen und Flüche ein, die ich gedanklich gegen die entsprechenden Akteure richte, und Katastrophenszenarien zeichnen sich vor meinem geistigen Auge ab, in die ich mir die Experten hineinwünsche. Der verzweifelte Wunsch nach echtem Recht, einer höheren Gewalt, die echtes Recht Realität werden lässt. Ein frommer verzweifelter Kinderwunsch.

Der Wunsch nach Recht, nach einer Art „Auge um Auge, Zahn um Zahn" – wie schön ich diesen Gedanken finde! Hoffentlich gibt es eine übergeordnete Instanz, ohne menschliche Schwäche, gutes wie schlechtes gegeneinander aufwiegend und unbestechlich richtend und vollstreckend! Ein herrlicher Gedanke, denn aus meiner hätte ich nichts zu befürchten; und mein Mitgefühl für die, denen es an den Kragen gehen würde, hielte sich verständlicherweise auch in Grenzen. Ich liebe und lebe Gerechtigkeit!

Es gibt Ratten in Roben und Rattenpack in Richterroben!

Eine für mich traurige Erkenntnis, die meinen Glauben an unsere BRD sehr erschüttert und die aus Erlebnissen resultiert, die ich nicht für möglich gehalten hätte. Eine Kernerkenntnis ist eben, dass es Rattenpack in Richterroben geben kann und gibt, weil Derartiges unter Missbrauch von Artikel 97 GG gedeckt und somit stillschweigend von der Richterschaft, die ich übrigens immer noch für mehrheitlich vernünftig halten möchte, geduldet wird.

Ein falscher und unrechter Chorgeist, geboren aus Selbstverliebtheit und Verliebtheit in den eigenen Beruf sowie die im Studium vorgenommene Auslese, Gehirnwäsche und Konditionierung. Es erinnert mich an Ganovenehre, dümmliche Begrüßungsrituale, Rockerkutten und Kindergarten. Erschreckende, traurige Realität, eine Realität, die mir unterbewusst lange klar war und die mir nun unerträglich ist.

Es gibt immer einen Punkt an dem es einfach genug ist, an dem es reicht, der Punkt, nach dessen Überschreiten der Spaß aufhört, es kein Zurück gibt, oder den Tropfen das Fass zum Überlaufen bringt.

Dieser Punkt wurde bei mir im Jahr 2017 erreicht und überschritten.

Die Unzulänglichkeit des Rechtssystems, das aus meiner Sicht aus Anwälten, Staatsanwälten sowie Richtern besteht, war mir schon lange bewusst, aber ich hatte dieses Wissen lange verdrängt.

Verdrängung und Wegsehen bei augenscheinlich unabänderlichen Missständen – ein Schutzreflex? Nach meiner Definition gehört auch der Polizeiapparat zum Rechts-/Unrechtssystem und die Gewaltenteilung ist, so wie ich die Welt sehe, ein frommer Wunsch. In der Realität stecken die Vorgenannten alle unter einer Decke, was auch die Tatsache erklärt, dass illegal handelnde Polizisten faktisch fast immer ungestraft davonkommen. Das Ministerium für Justiz und Gleichstellung – <u>in Sachsen-Anhalt zumindest</u> – gehört auch zu diesem System der Willkür, Schikane und Rechtsunterdrückung (siehe Oury Jalloh), denn offensichtlich besteht kein Interesse daran, gegen Missstände vorzugehen. Frau Keding ruht sich auf ihrem Ministerposten aus, ohne dass für mich echte Pflichterfüllung erkennbar ist.

<u>Auch ein Fall für die letzte übergeordnete Instanz, die hoffentlich existiert.</u>

Im System BRD hat eine Ministerin, ein Staatsanwalt, ein Richter, ein Beamter usw. wenig bis nichts zu befürchten – ein Trauerspiel und ein Unding, eine Verlogenheit und Doppelzüngigkeit, die gängige Praxis und allgemein bekannt sind. Es erfolgt aber kaum Gegenwehr, weil die betäubte Mehrheit resigniert hat. Ich würde jeden einen Lügner nennen, der behaupten würde noch nie vom Staat im weitesten Sinne ungerecht oder schlecht behandelt worden zu sein, und ich behaupte, dass fast jeder schon einmal gesagt hat: „Gegen die kommt man sowieso nicht an." Oder: „Die machen doch sowieso mit uns, was Sie wollen." Diesen allgegenwärtigen Spruch, eventuell leicht abgewandelt, kennt jeder und dieser Spruch wird nur allzu oft und leicht daher gesagt. Eine Schicksalsergebenheit, die den Missständen, die uns überall umgeben und verärgern, Tür und Tor öffnen. Eine Schicksalsergebenheit, die unsere Freiheit, unsere Rechte und den **Rest** der Demokratie gefährdet. Man kann mit einem Volk nur machen, was es mit sich machen lässt, dies gilt auch für den Einzelnen, jeder, der nicht bereit ist, für Recht einzutreten, trägt Schuld an Unrecht. Auch jeder, der wegsieht und bei ihm bekannten Rechtsbrüchen kein Zeugnis ablegt, ist moralisch schuldig, irgendwie sogar ein Komplize! Dies muss nun jeder mit sich selber abmachen, eine echte Gewissensentscheidung, nicht schöngeredet von Juristenfloskeln und ungeschützt durch Gehirnwäsche. Jeder ist verantwortlich für sein Handeln oder auch Nichthandeln und diese Freiheit und Verantwortung sollte sich jeder bewusst machen. (Fluch und Segen, Licht und Schatten, Schein und Sein, Dein und Mein.)

Wenn doch alles mit rechten Dingen in unserem Land und Umfeld zugeht, woher kommen dann derartige Gedanken? Wie kommt es zu diesem unguten Gefühl, wenn man im Straßenverkehr einem Polizeiwagen begegnet? Die Polizei, dein Freund und Helfer! Wäre dies unsere Wahrnehmung, gäbe es dieses Gefühl nicht! Das ist meine unumstößliche Meinung und ich behaupte, in unserem Land liegt auf allen denkbaren Ebenen alles Mögliche und Unmögliche im Argen, im Morast der Duldung, des Wegsehens, der Verlogenheit und der Feigheit!

Die Feigheit der Redlichen ist Garant der Macht der Verbrecher!

Schauen wir mal in die **Politik**, mir fällt da vieles ein. Ich hätte kein Problem, allein mit Lachnummern und in Richtung Rechtsbruch tendierenden Beispielen aus diesem Bereich Bände zu füllen, vor allem wenn ich derart hohl daher schwätzen würde, wie es bei Politikern gelebte Praxis ist. Viele Worte um nichts, möglichst ohne Aussage, auf die man ja festgenagelt werden könnte. Ich möchte nur einige Beispiele aus meiner Sicht darstellen, um derartigen Schwachsinn angerissen zu haben.

Herr Schäuble hat zum Beispiel über die Rente mit 70 philosophiert. Mir ist nicht bekannt, ob Schäuble hierbei an seinen IQ dachte, ob es eine Art Scherz und Reaktionstest sein sollte oder ob er es, was bei seiner realitätsfernen Stellung auch möglich wäre, sogar ernst gemeint hat. Dies ist aber der Sache nach „scheißegal". Schäuble äußerte Derartiges aus welcher Motivation auch immer. Ob es ernst gemeint war oder ein bewusst generierter Aufreger, um das Volk zu verspotten oder abzulenken, spielt keine Rolle, es kann nicht sein, dass derartiger Schwachsinn geäußert wird. Schäuble ist Baujahr 1942, wird also im Jahr 2019, 77 Jahre alt.

Für Richter gibt es eine Altersobergrenze, die bei 65 Jahren liegt, was wohl dem Umstand geschuldet ist, dass geistige Beweglichkeit und Potenz im Alter nicht zwangsläufig zunehmen. Ist es bei Politikern anders, und selbst wenn, warum tut uns Schäuble nicht den Gefallen und tritt endlich ab? Die 70 hat er auf jeden Fall erreicht. Ich kann mich daran erinnern, dass von einer Verkürzung der Lebensarbeitszeit gesprochen wurde, es war von einer 30-Stunden-Woche die Rede, es gab eine Lehrerschwemme, eine Ärzteschwemme und es wurde gegen den Dienstleistungsabend demonstriert.

Politiker geben erschreckend viel geistigen Dünnschiss von sich. (-bekannte Wendungen)

– Wollt ihr den totalen Krieg?
– Niemand hat vor eine Mauer zu bauen.

– Nie mehr ein Deutscher unter Waffen.

– Die Renten sind sicher.

– Wir schaffen das.

So ist das mit den Politikern: Sicheres Auftreten bei absoluter Ahnungslosigkeit gehört ebenso zu ihrem Rüstzeug wie temporäre Amnesie, wobei ich, böswillig wie ich nun mal bin, behaupte, dass ein Normalsterblicher damit ganz sicher nicht durchkommen würde. Jedenfalls nicht in der Welt, wo mit echter und anständiger Arbeit Geld wirklich verdient wird. Fern von der Bekommenskultur! Aber es sind ja Politiker mit Sonderrechten, die in einer Art Narrenfreiheit schalten und walten, deren Rechtfertigung ich nicht erkenne. Zur Verlogenheit fällt mir ein recht junger Fall ein. Eine SPD-Politikerin aus dem Ruhrgebiet. Frau P. H. hatte es bis in den Bundestag geschafft und war dort wohl auch in vielen Bereichen tätig. Eine geschätzte Kollegin, vermutlich aufgrund ihrer Bildung, überragenden Kompetenz und Sachkunde, überaus geschätzt. Dann kam heraus, dass sie falsche Angaben bezüglich ihrer Person gemacht hatte, was natürlich nicht richtig ist. Um Gottes willen! – Sie hat nicht mal Abitur! Dann kam der Absturz durch die Wahrheit, die geschätzte P. H. war auf einmal nicht mehr tragbar, obwohl sie noch immer die gleiche Person war. Die gleichen Ansichten und Werte vertrat.

Gerne wüsste ich, wie viele Politiker auf einmal schon immer gewusst haben, dass da was nicht stimmt, schon immer so ein Gefühl hatten. Vermutlich die Mehrheit. Wenn das nicht verlogen ist!

Oder Hartz IV, wie kann dies rechtens sein? Ein junger Mensch tritt ins Berufsleben ein – dumm, unerfahren und kaum orientiert. (So war es zumindest bei mir.) Er wird in das bestehende System zwangseingebunden, was ja auch nicht grundsätzlich schlecht sein müsste. Er wird zwangssozialversichert und nimmt alles, wie es kommt. Klar, als junger Mensch hat man andere Gedanken und Interessen. Gut und schön, man ist in einer Versicherung versichert worden, faktisch ohne Wahlmöglichkeit. Dann werden Jahrzehnte später die Versicherungsbedingungen auf Beschluss geändert. Ob man will oder nicht! Wo gibt es denn sowas? Im Geschäftsleben mit Sicherheit nicht, da würde Derartiges bis aufs Blut bekämpft werden. Aber uns als unmündigen Bürgern wird Derartiges aufdiktiert, durch den Bundestag, der faktisch das Recht hat, über unsere Köpfe hinweg Entscheidungen, welcher Tragweite auch immer, zu treffen. Im Namen des Volkes? Wäre das Volk öfter gefragt worden, würde vieles anders und einiges besser aussehen. Zumindest stünde das Volk eher hinter dem System, das nicht einmal die Möglichkeit des Volksentscheides auf Bundesebene bietet. Wir wurden nicht gefragt, ob wir den Euro wollen! Warum sind andere Völker gefragt worden? Sind die Menschen in diesen Staaten mündiger, ist es dort demokratischer oder wird dort zumindest eher versucht, den Schein der Demokratie zu wahren? Ich als Bürger der BRD fühle mich jedenfalls nur allzu oft entmündigt und übergangen. Ich hätte den Euro nicht gewollt und Auslandseinsätze der Bundeswehr sind auch nicht in meinem Sinne. Ebenso lehne ich die Europaeingemeindung von Staaten ab, welche die Stabilitätskriterien nicht erfüllen und die auch sonst andere Standards haben. Den Normalmenschen dieser Länder tut man aus meiner laienhaften Sicht eher keinen Gefallen und das ist auch nicht Sinn der Sache. Mir stellt sich das Ganze eher so dar, dass es darum geht, unter Druck stehende und folglich billige und willige Arbeitskräfte beispielsweise für die BRD zu haben. Diese drücken dann durch Sachzwänge kastriert die Preise auf dem Arbeitsmarkt nach unten. Die in der BRD handwerklich tätigen haben das Nachsehen. Den Menschen, die hier arbeiten kommen, kann ich keinen Vorwurf machen, sie handeln aus Notwehr. Aber aus meiner Sicht ist die EU keine EU, eher meine ich oft eine Ausbeutungsunion zu erkennen. Denke ich dann noch über sogenannte Expertenausschüsse nach, die Glühbirnen verbieten und uns alles Mögliche gebieten und verbieten, natürlich aufgrund ihrer überragenden Kompetenz, ihrer Erleuchtung und Weitsicht, wird mir das Ganze noch unsympathischer. **Experten** sind auch so eine Erscheinung, die mich oft zum Zweifeln bringt. Beispielsweise hörte ich einmal in den Nachrichten von einem Gebäudeeinsturz und dann hieß es: „Experten vermuten, es könnten Baumängel vorgelegen haben." Wenn das nicht dümmlich ist! Ähnliche Lacher gibt es auch immer wieder im Zusammenhang mit sogenannten Sachverständigen, die ihren überragenden Sachverstand oftmals erfolgreich verbergen, vermutlich um ihr Umfeld nicht zu frustrieren. Geht man mit offenen Augen durch die Welt, sind die Orgasmen des Schaffens und der Einflussnahme dieser Überflieger allgegenwärtig. **Ein Trauerspiel**, wie gut und nachvollziehbar könnte vieles sein, wenn unverbildete Praktiker mit gesundem Menschenverstand die Entscheidungen getroffen hätten.

Eines meiner Lieblingsbeispiele sind die Ampelanlagen. Die Ampelanlage, unter Schwätzern auch LZA genannt, ist eine grundsätzlich sehr gute Sache und ohne Zweifel in Anbetracht des heutigen Verkehrsaufkommens eine Notwendigkeit. Wunderbar (auch aus meiner Sicht, der Sicht eines Querulanten). Aber wie dumm sind die Experten, die diese Anlagen entwerfen und realisieren? Ich behaupte, dass die Ampeln Schrott und greifbare Realität gewordene Unfähigkeit und Ignoranz sind. Heute sind die meisten Ampeln mit LED-Licht ausgerüstet. Vom Grundgedanken eine prima Sache. LED-Beleuchtung ist sehr intensiv, wodurch die LED-Ampel folglich auch sehr hell ist. Eine super Sache, jedenfalls bei strahlendem Sonnenschein, aber warum haben die Spitzenleute nicht daran gedacht, dass die Helligkeit schwankt. Hat sich die Elite Deutschlands etwa dadurch verwirren lassen, dass es zwei Mal im Jahr eine Tag- und Nachtgleiche gibt, und daraus geschlossen, dass es tags und nachts gleich hell ist und diesen Fehlschluss dann auf das ganze Jahr übertragen? Ich werde es wahrscheinlich nie erfahren!

Auf dem Planeten Erde in der BRD gibt es jedenfalls Tag und Nacht und daher gibt es helle und dunkle Abschnitte im Dasein einer Ampel. Warum, frage ich mich und Jeden, werden die Ampeln nicht den umgebenen Lichtverhältnissen angepasst? Wie blöd kann man sein – oder wie schlau? Wer weiß, eventuell braucht man ja nur einen kleinen Schalter umlegen und die Ampeln arbeiten durchdacht und zufriedenstellend, ohne im Dunkeln unangenehm zu blenden. Dies wäre unmoralisch, aber kaufmännisch und folglich denkbar. Die Anlagenhersteller würden bis zum Erwachen der tollen Entscheidungsträger warten, die ja mal irgendwann mitbekommen müssten, dass ein Missstand vorliegt. Dann würde man das Umlegen des kleinen Schalters, also die Aktivierung einer Dimmfunktion in Abhängigkeit von den Lichtverhältnissen, als aufwändige Nachrüstung abrechnen und ordentlich abkassieren. Irgendwie kann und will ich nicht glauben, dass die Hersteller der Ampelanlagen derart unfähig und betriebsblind sind, dass sie an die

Helligkeitsunterschiede im Tagesverlauf nicht gedacht haben. Für mich sind die Ampelanlagen so, wie sie sind, jedenfalls eine existente Körperverletzung, da diese Anlagen unzählige Verkehrsteilnehmer in unangenehmer Weise in ihrer Wahrnehmung beeinträchtigen. Teilweise und situationsabhängig stellen derartige Ampeln sogar eine Verkehrsgefährdung dar. Ein entfernt ähnliches Ärgernis sind für mich zu stark reflektierende Verkehrsschilder und Hinweistafeln oder auch Straßen- und Tunnelbeleuchtungen, die teilweise blenden und dadurch stören. Zertifizierter Dreck mit CE-Zeichen und Expertensegen. Aber eventuell bin ich ja nur zu empfindlich und verstehe den tieferen Sinn infolge meiner mangelnden Sachkunde nicht. Die tieferen Gedanken der Experten werden sich mir vermutlich nicht offenbaren, solange mein Gehirn störungsfrei arbeitet. Ich für mich habe erkannt, dass es oft ein Zeichen von echtem Verstand ist, wenn man nicht alles versteht, und ein Zeichen von Charakter, wenn man nicht alles verstehen will.

Wen wundern da Phänomene wie der BER, die Hamburger Oper oder Stuttgart 21. Warum sollte man sich noch darüber wundern, dass Baustellen und Landwirtschaft nicht mal in Deutschland von deutschen Maschinen dominiert werden? Mich wundert das alles nicht.

Es war schon immer so, dass sich kurzsichtige Gewinngier nicht langfristig auszahlt, sondern rächt, und man braucht nicht Wirtschaftswissenschaften studiert haben, um die Dummheit des Handelns nur allzu vieler hochgelobter und überbezahlter Entscheidungsträger zu erkennen. Nachhaltiges und kundenbindendes Handeln, der Gedanke an Vertrauensaufbau und Festigung erworbenen Vertrauens - All Das Fehlanzeige! -

Stattdessen werden unbezahlbare Vertrauensvorschüsse verbrannt und die Institution „Made in Germany", die einmal etwas aussagte, eine Bedeutung in der Welt hatte, verkommt mehr und mehr zum Lacher. Warum? Ich denke infolge von kurzfristigen, überzogenen Gewinnerwartungen und dem unverantwortlichen Handeln von gewinnbeteiligten Führungskräften mit einer „Nach mir die Sintflut"-Mentalität. Scheißegal, dass Hemd ist mir näher als die Jacke und was geht mich das Elend der anderen an. So und ähnlich ist, zumindest nach meinen Beobachtungen, oftmals die Einstellung derer, die am Drücker sitzen und das Schlimme ist, sie kommen damit durch und werden unverdient reich. Versucht man als kleiner Scheißer dem Murks entgegenzutreten, hat sich das Thema schnell erledigt und man wird dem Arbeitsmarkt zur Verfügung gestellt. So heißt das heute — es wird keiner gefeuert. Ein Kollege sagte mal zu mir: „Wir werden nicht genommen, weil wir so gut sind, sondern weil die anderen noch schlechter sind." Und das eigentlich Tragische und Traurige an der Sache ist, dass er recht hatte und hat. Welch ein Trauerspiel, wir befinden uns in einer Spirale nach unten. Unser Problem ist kein Fach- und Führungskräftemangel! Das Problem sind mangelhafte Führungskräfte, ein wabernder Haufen zähfließender Scheiße, der alles langsam überfließt, es unter sich begräbt und zu ersticken droht, was einmal Bedeutung hatte. Was unserem Land sowie Europa und der Welt fehlt, sind Menschen die Ideale vertreten, ein ehrliches Wort sprechen und bereit sind auch angesichts negativer Konsequenzen den Standpunkt zu vertreten, dass es höhere Werte als Macht und Geld gibt – oder besser gesagt: geben sollte.

Da ist er wieder mein frommer Kinderglaube. Aber in meinem Inneren ist mir durchaus klar, wie es in der Welt läuft, was mich jedoch nicht daran hindert, zu hinterfragen. In der BRD gibt es ja auf dem Papier, und <u>vor allem wenn einem niemand zuhört,</u> die Meinungsfreiheit und diese nehme ich für mich wörtlich und in Anspruch. Ungeachtet dessen, dass viele der sogenannten Experten und viele der Mächtigen mich hassen und denunzieren werden. Man wird mich Schwachkopf, Trottel und auch Spinner nennen und dies sind wohl nur die freundlicheren Bezeichnungen. Aber was stört es den Baum, wenn sich das Schwein an ihm kratzt? Jede Beschimpfung durch Menschen, die in meinen Augen sowieso zu nichts taugen, außer als schlechtes Beispiel, sind für mich eine Auszeichnung, die mir zeigt, dass ich auf dem richtigen Weg bin. Dem Weg der Freiheit.

Die Würde des Menschen ist unantastbar.

Dieser Satz gefällt mir nur allzu gut, wenn er denn befolgt würde. Was ist Würde? Dies würde ich mal gern hinterfragen, denn allein die Tatsache, dass es in der BRD erst seit 2015 einen gesetzlichen Mindestlohn gibt, wirft Fragen auf. Man kann beispielsweise fragen, warum es in den USA seit 1938 einen Mindestlohn gibt und die BRD so viel länger gebraucht hat? Komisch! Fragen, die auch die Würde des Menschen betreffen und wiederum weitere Fragen aufwerfen. Eine Fragenspirale für ewig Suchende wie mich.

Würde, Würdigung, fragwürdig, preiswürdig oder auch therapiewürdig. Würde enthält für mich Würdigung, Wertschätzung und Wertung, wobei eine Wertung oftmals im Auge des Betrachters liegt, also dann nicht objektiv sein muss. Der Brennwert, von Bernstein, eines Brillanten oder der blauen Mauritius rechtfertigen wohl kaum ihren angeblichen Wert, der sich eher aus der Formel „Jedes Ding ist so viel wert, wie ein Depp dafür bezahlt" ableiten lässt. Eine traurige tiefe Wahrheit, die leider sehr vieles im Leben bestimmt.

Wertung, Bewertung – wer nimmt diese vor und mit welchem Recht? Fragen über Fragen! Für die Findung des Mindestlohns gibt es die Mindestlohnkommission, bei der ich fälschlicherweise vermutete, dass es sich um überbezahlte Experten handeln würde. Falsch, Vorurteil! Irren ist menschlich, aber nicht nachlesen ist idiotisch. Im Internet steht: „Die Tätigkeit der Mitglieder der Mindestlohnkommission ist ehrenamtlich." (Mindestlohnkommission- Übesichtsseite Kommission) Hätten Sie es gewusst?

Die Würde der Klopapierrolle ist unantastbar/unabtastbar. (Insbesondere nach deren Benutzung.)

Es heißt im Grundgesetz: Die Würde des Menschen ist unantastbar. Ein wundervoller Gedanke, aber irgendwie will mir nicht einleuchten, warum dann der gesetzliche Mindestlohn erst 2015 in der BRD Realität wurde. Seit 1896 gibt es ein Gesetz zur Bekämpfung des unlauteren Wettbewerbs. Hierbei geht es nach meinem Verständnis darum, dass es prinzipiell nicht erlaubt bzw. in Ordnung ist, Waren oder Dienstleistungen unter Wert zu verkaufen. Heute ist natürlich alles besser – oder auch nicht Klammer zu. Jedenfalls ist alles wesentlich verklausulierter und verkompliziert. Alles zugeschnitten auf die moderne Parallelwelt der Juristerei. Daraus folgt grob vereinfacht, dass es grundsätzlich nicht zulässig ist, eine Klopapierrolle unter Wert zu verkaufen. Klar, es gibt Ausnahmen von der Regel (wie sollte es auch anders sein?), aber im Prinzip wird der Klopapierrolle ein Wert, eine Art Würde zugestanden, von wem auch immer.

Würde, Wert, Wertschätzung, werthaltig, preiswürdig, würdevoll, unwürdig.

Wenn nun ein Mensch seine Arbeitskraft zu Markte trägt, gibt es verschiedene Voraussetzungen, die erfüllt sein müssen, damit dies dauerhaft gut geht. Menschen haben Bedürfnisse, die aus meiner Sicht auf die Welt, im Großen und Ganzen befriedigt sein müssen, damit ein Leben in Würde gegeben ist. Wenn nun die Würde des Menschen unantastbar ist, müsste der Mensch ein Einkommen haben, das ein Leben im jeweiligen „Kulturkreis" auf einem Standard ermöglicht, der sich nicht im Armutsbereich befinden sollte. Nimmt man aber den Mindestlohn als Größe und bedenkt, dass es Menschen gibt, die arbeiten und dann aufstocken, muss man kein Professor sein, um zu erkennen, dass ein Missverhältnis vorliegt. Es darf nicht sein, dass eine Vollzeitarbeit nicht auskömmlich ist. Wo ist denn da die Würde des Menschen, die ja nun eigentlich, seit 2015 zumindest durch den Mindestlohn, gegeben sein sollte? Also wird ja wohl die Arbeitskraft unter Wert verkauft, was bei der Ware Klopapierrolle eher problematisch wäre. Wird nun der Klopapierrolle mehr Wertschätzung entgegengebracht als dem Menschen, der ja eigentlich durch das Grundgesetz geschützt ist? Hat die Klopapierrolle mehr Würde, ist sie würdiger, würdevoller?

Es hat fast den Anschein, wenn man die Realitäten betrachtet.

Der Kampf gegen Dumping ist allgegenwertig, zumindest bei Gütern wie Klopapier, Klapptisch oder Karosocken. Das Gesetz zur Bekämpfung des unlauteren Wettbewerbs geht zurück bis 1896. Warum kommt erst 119 Jahre später ein Mindestlohn? Was ist der Mindestlohn wert, wenn er nicht grundsätzlich ausreicht, um davon auch vernünftig zu leben? Warum gibt es nicht eine gewisse Variabilität bezogen auf das Lebensumfeld am Ort der Arbeit? Unterschiedliche Lebenshaltungskosten bedingen Unterschiede im Finanzbedarf, folglich müsste dort, wo das Leben teuer ist, der Mindestlohn höher liegen. Stattdessen stocken zu unwürdigen Bedingungen arbeitende, willige Menschen auf. Die Gelder stammen aus dem Steuer- und Abgabenaufkommen, das von jedem mitaufgebracht wird, und im Endeffekt haben Unternehmen, die es sich leisten könnten, mehr zu bezahlen, eine Ersparnis bei den Lohnkosten zu Lasten der Allgemeinheit. Wenn das moralisch ist, dann weiß ich auch nicht. Gelder werden so dem Kreislauf entzogen und häufen sich an, wo schon genug und noch mehr ist.

Ein anderer Punkt, der sehr gut hierhin passt, ist das allgegenwärtige Gerede von privater Altersvorsorge. Wie sollen Bürger, die sowieso nicht zu viel haben, für das Alter vorsorgen? Wie und wovon soll das Sparen fürs Alter funktionieren? Und wenn es geht, was ist dann das Ersparte im Alter wohl noch wert?

Mit dem Geld ist es sowieso so eine Sache. Geld ist ein Gegenwert für Waren und Dienstleistungen. Basierend auf dem Vertrauen derer, die mit dem Geld bezahlen und das Geld als Zahlungsmittel annehmen, hat das Geld seinen Wert. Die Benutzung von Geld ist uns derart vertraut, dass wir uns eigentlich kaum Gedanken darüber machen, ob überhaupt ein realer Wert gegeben ist. Die Geldfunktionen sind derart verankert und dem Menschen der Jetztzeit in Fleisch und Blut übergegangen, dass alles selbstverständlich scheint. Aber wie ist es mit Phänomenen wie Geldentwertung oder Wechselkursen? Warum gibt es Inflation, Inflationsraten? Warum unterscheiden sich diese bei unterschiedlichen Währungen und unterschiedlichen Volkswirtschaften? Fragen über Fragen und eines ist klar: Es ist so eine Sache und es ist alles nicht so einfach, wie es scheint. Im Rahmen der Verwissenschaftlichung von allem und jedem haben sich bezogen auf die Inflation Worte und Theorien entwickelt, die den entsprechenden Wissenschaftlern ihre Daseinsberechtigung garantieren. (-auch so eine Paralelwelt) Nachfrageinflation, Angebotsinflation, Offene Inflation, Zurückgestaute Inflation, Hyperinflation, Galoppierende Inflation, Trabende Inflation, Schleichende Inflation usw.! All dies bedeutet jeweils im Kern, dass das Geld an Wert verliert, wobei man dann trefflich über Ursachen und Geschwindigkeit debattieren kann. Es lebe die Wissenschaft. Fakt ist, dass das Geld mehr oder weniger schnell an Wert verliert, wodurch sich auch der Wert von Erspartem bei einer Verzinsung, die unter der Inflationsrate liegt, zum Nachteil des Sparers entwickelt. Deflation gibt es auch, zumindest als Begriff, ich habe jedoch in der Realität noch keine wahrgenommen. Die Deutschen besitzen ein Rekordvermögen von 5,857 Billionen Euro (2017). Gerne hätte ich meinen statistischen Anteil auf dem Tisch vor mir liegen. Genug geträumt! Es hat sich also eine Menge Geld angehäuft, das dem Kreislauf entzogen ist, wobei sich der größte Teil bei wenigen angesammelt hat. Das Geld wurde irgendwann „erwirtschaftet", wodurch auch immer, und steht theoretisch zum Abruf bereit. Momentan stehen Angebot und Nachfrage in einem Verhältnis, das bei uns einen stabilen Geldwert bedingt. Dem Geld im Umlauf steht eine gewisse Menge an Werten gegenüber. Jetzt stelle ich mir vor, die Menschen gehen ans Eingemachte und üben Nachfrage aus, bei gleichbleibendem Angebot, und wollen etwas für ihren Reichtum erwerben. Wo sollen dann die ganzen Waren und Dienstleistungen herkommen, denn es gibt ja nur ein endliches Angebot? Wir hätten also eine steigende Geldmenge bei einem gleichbleibenden Angebot, was die Preise steigen lassen würde, dadurch würde eventuell noch mehr Erspartes in Umlauf gebracht werden, wodurch sich der Preisanstieg beschleunigen würde. Das Ersparte würde mehr und mehr an Wert verlieren. Die Sache könnte sich beschleunigen bis zu einem Punkt des absoluten Vertrauensverlustes in das Geld. Dies würde mich nicht wirklich betreffen, weil ich nichts habe, aber es würde mich insofern tangieren, als dass chaotische Zustände die Folge sein könnten. Hoffentlich werden wir Derartiges nicht erleben, aber wie gesagt, mit dem Geld ist es so eine Sache. Wenn die Mächtigen bei einer derartigen Entwicklung einen Vorteil für sich sehen, kann es durchaus dazu kommen.

Eventuell kommt aus der Annahme derartiger Szenarien ja der Spruch, dass Eigentum belastet.

Der Bundestag ist auch eine Sache für sich, die mich beängstigt und fasziniert. Die dummdreisten Ansagen und die Klugscheißerei, was der Normalbürger zu tun und zu lassen hat, damit alles gut ist, kommt aus den höheren Ebenen der Politik. In den hohen Bereichen der Politik sind Menschen und Unmenschen, die mit der eigentlichen Basis wenig bis nichts mehr zu tun haben. Es ist sowieso ein gewisser Typ Mensch der sich in Parteien findet, denn Platz für Individualität und Querdenker gibt es dort eher nicht. Derartige Menschen gehen dort erst gar nicht hin, und wenn doch, werden sie sowieso ausgesondert. Diese Vorauslese ist die erste Hürde und nicht die einzige. Eine Vorauswahl ist schon mal getroffen und es geht weiter und weiter. Nur ein gewisser Menschenschlag mit gewissen Charakterzügen kommt an die Spitze. Ähnlich wie in vielen Bereichen der Weltordnung, die sich aus menschlichen Schwächen und

Stärken entwickelt hat. Es sind aber leider eher unangenehme oder negative Charakterzüge, die den Weg zum „Erfolg" ebnen. Jeder von uns kennt mit Sicherheit einen oder mehrere „Kollegen", deren Qualität sich eher nicht erschließt. Sie kennen einen Weg zum „Erfolg", der nur allzu oft beschritten oder bekrochen wird.

Meine Warnung und Mahnung an alle Chefs.

Es muss nicht am Altern liegen, wenn man unter Rektalbeschwerden, Mundtrockenheit oder Potenzproblemen leidet. Es kann daran liegen, dass man sich mit „Arschkriechern", „Speichelleckern" und „Schwanzlutschern" umgibt. Eine echte Gefahr, die auf den ersten Blick für den Betroffenen angenehm und gerade deshalb besonders hinterhältig ist.

Der Bundestag ist auch ein Ergebnis dieser und ähnlicher Gesetzmäßigkeiten. Nicht dass der Bundestag oder gar die Demokratie schlecht sind. Nein ganz im Gegenteil, Demokratie ist eine wunderbare Zeiterscheinung. Wäre sie direkter und weniger von allzu menschlichen Schwächen verwässert, dann wäre vieles besser und die Demokratie würde ihren Namen sogar verdienen, aber so wie es ist, ist es eher unbefriedigend. Aufgrund der Gegebenheiten, die über Aufstieg und Bedeutungslosigkeit in den Systemen der Parteien entscheiden, werden die Charaktereigenschaften der Akteure von unten nach oben immer homogener. Eine Art Sortenreinheit, in einer fragwürdigen Weise, die mir nicht gefällt. Die Entscheider haben derart den Bezug zur Basis und zum realen Leben, das die Normalsterblichen führen, verloren, dass es kein Wunder ist, dass Idioten wie ich deren „Denkmuster" nicht nachvollziehen können. Beim Thema Rente und Grundrente sticht mir immer wieder die Zahl 961,- Euro ins Auge. Dies ist, meiner Meinung nach, eine Mogelpackung. Was ich nun sehr heilsam für die Kritiker von Heil und auch Herrn Heil selbst finden würde, wäre wenn sich diese mal unter Bedingungen behaupten würden, wie sie für den ärmeren Bürger (den sie ja auch vertreten sollten) Realität sind: mit 961,- Euro, gebrauchten Klamotten und normalen Kosten für Miete, Strom, GEZ, Wasser, Heizung etc., sowie einem gebrauchten Auto (nicht allzu gut), den damit verbundenen Kosten und einer fiktiven Erkrankung und den damit verbundenen Erschwernissen des Lebens klarzukommen. Das Ganze dann für drei bis sechs Monate. Ich stelle die These auf, dass vielen bis Allen ihre große Schnauze, Weltfremdheit und Weltentrücktheit dadurch vergehen würde. Es hätte sogar das Potential für eine der beliebten Reality-Tv-Shows und die Einschaltquoten wären mit Sicherheit gigantisch, würde es sie geben. Genauso interessant wäre es, würde sich eine Frau Merkel oder ein Herr Schulz mal für den Mindestlohn betätigen und dann von den sogar verdienten, ehrlichen Einkünften ihren Lebensunterhalt bestreiten. Natürlich auch zu den vorerwähnten Bedingungen. Das wäre ein Schauspiel ohnegleichen, und nach drei Monaten müsste man die Statisten, die ja nun einen Einblick in die Lebensrealität hätten, mal zum Thema private Altersvorsorge befragen. Bei aller Borniertheit müsste dann nach meiner Einschätzung ein Sinneswandel stattgefunden haben und zwar in Richtung Realismus.

Da ist er wieder mein frommer Kinderglaube, der jedoch vermutlich den Grundcharakter der politischen Führungselite verkennt.

Grundcharakter, da ist er wieder, und alle machen ja nur ihre Arbeit, von A–Z, also von Anstreicher bis Zimmermann oder von Anästhesist bis Zahnarzt oder von Auftragsmörder bis Zuhälter, jeder, welcher Berufsgruppe auch immer, kann behaupten: „Ich mache ja nur meinen Job." Dabei sollte man bedenken, dass das Wort „Beruf" irgendwie von „berufen" kommt, wobei man berufen werden kann oder sich berufen fühlt und deshalb aus Eigeninitiative handelt. Da gibt es nun auch wieder unterschiedliche Qualitäten, zwischen denen man unterscheiden sollte. Macht jemand seine Arbeit aus Überzeugung, also aus Freude an der Tätigkeit oder verdient er nur sein Geld damit?

Fragen über Fragen, wie in allen Bereichen des Lebens. Fest steht allerdings, dass man bei einer Tätigkeit, die einem liegt, die man also gerne macht, erfolgreicher ist, als bei einer Tätigkeit, der man nachgeht, weil man ja Geld verdienen muß, weil es eben ist, wie es ist, weil es sein muss. Folglich gehe ich davon aus, dass die Erfolgreichen der jeweiligen Gruppen ihrer Tätigkeit oder auch Untätigkeit bzw. Scheintätigkeit eher gerne nachgehen. Da kommen wir nochmal auf das Thema Politik. Die Politik verarscht, belügt und betrügt uns nach Strich und Faden, weshalb der Schluss naheliegt, dass in den oberen Ebenen tätige Politiker – bewusst oder unterbewusst lasse ich mal dahingestellt – Freude daran haben, uns, die Bürger, zu betrügen, zu belügen und zu verarschen. Es ist schon beeindruckend, dass bei so viel sicherem Auftreten, bei absoluter Ahnungslosigkeit die entsprechenden Akteure einen seriösen Gesichtsausdruck aufsetzen können. Die schauspielerische Leistung ist super, einwandfrei, einfach beeindruckend. Wen wundert es? Ich meine mal gelesen zu haben, dass beispielsweise Adolf Hitler seine Auftritte vor dem Spiegel geübt haben soll. In der heutigen Zeit gibt es noch viel mehr Möglichkeiten, um für das dem Bundesbürger vorgespielte „Kasperletheater" zu üben. Es gibt Coachings für Manager und andere, die es nötig haben, ihre Außenwirkung zu verbessern, verschlimmbessern oder auch zu verfälschen. Selbstverständlich alles zum Wohle des Volkes, also auch zu meinem Wohl, der ich ja ein unmündiger, nicht durchblickender Depp bin. Ja, Beispiel gefällig? Auch die Tabaksteuer wurde nur zu meinem Wohl erhöht, was aber schrittweise geschah, damit doch bitte nicht zu Viele mit dem Rauchen aufhören. Welch eine Weitsicht und Weißheit. Dann noch die allgegenwärtige Diskriminierung der Raucher und die Ekelbilder auf Tabakwaren, alles zu unserem Besten.

Warum ist Alkohol so billig?

Ich habe mehrere mögliche Antworten gefunden. Ist der Grund dafür der, den Bürgern die Möglichkeit zu geben, sich zu betäuben, damit sie besser wegsehen können? Ist eine Erhöhung der Leidensfähigkeit der Zweck? Hierzu würde auch das Gerede über eine Cannabis-Freigabe passen, die ich außer zu medizinischen Zwecken eher ablehne. Dies sind natürlich nur meine kranken, aus Misstrauen geborenen Fantasien, die natürlich keinerlei Bezug zur Realität haben! Oder doch?

Akohol und Drogen machen jedenfalls gefügig und träge. Mir ist noch niemand begegnet, der sich blöd oder aggressiv geraucht hat, also bezogen auf Tabakwaren. Aber mir sind viele auf dem Weg des Lebens begegnet, die der Alkohol blöd gemacht und auch getötet hat. Wenn wir dummen unmündigen Bürger doch auf Beschluss der regierenden Elite, dem Gipfel der Schöpfung, vor den Gefahren des Rauchens gewarnt werden und dann auch noch in Bild und Schrift, dann frage ich, warum dies nicht beim Alkohol getan wird. So ein Bild von jemandem, der in den Ausscheidungen all seiner Körperöffnungen in einem Hauseingang liegt, wäre doch eine Zierde für Bier, Wein und Schnapsetiketten. Außerdem wären derartige Bilder auch wesentlich realer, weil diese oder ähnliche Bilder wohl jeder Erwachsene schon mal live gesehen hat. Allein aus diesem Grund könnten derartige Bilder eher unter die Haut gehen und einen Denkprozess anstoßen, der aber scheinbar unerwünscht ist. 1,6 Promille und das Leben ist schön – diese Einstellung ist erwünscht, denn ein dummes Volk lässt sich leichter regieren oder auch verarschen.

Und dann die ewigen Diskussionen über künstliche Intelligenz, da kann doch was nicht stimmen in unserem Land! Es gab Zeiten, in denen natürliche Intelligenz gefördert wurde. Heute ist man oft verzweifelt auf der Suche nach irdischer, natürlicher Intelligenz. Irgendwie denke ich erschreckend oft, dass Deutschland vom Land der Dichter und Denker zum Land der Duckmäuser und Deppen mutiert ist und dies scheint zur Perfektionierung der Ausbeutung gewollt zu sein. Gewollt von wenigen, die sich am Elend vieler bereichern. Niemand wehrt sich ernsthaft, weshalb alles seinen unerfreulichen Gang geht. Wo sind die Freigeister und Querdenker?

Die Feigheit der Redlichen ist Garant der Macht der Verbrecher!

Dies ist eine traurige alles bestimmende Tatsache und jeder sollte darüber nachdenken, ob es nicht an der Zeit zum Widerstand ist, der auch im Kleinen beginnen kann.

Jeder der von Unrecht weiß und schweigend wegsieht, trägt eine Mitschuld!

Danksagung

Meinen Dank spreche ich hiermit all den Akteuren der Justiz von Sachsen-Anhalt aus, die mich durch ihre stümperhafte, moralverachtende und amtseidbrechende Handlungsweise dazu gebracht haben, meine Gedanken zu ordnen. Sie haben mich aufgerüttelt und meinen Willen zum Widerstand gegen Unrecht und Missstände gestärkt. Sie haben mich inspiriert, aber auch viele wuterfüllte und schlafraubende Zeiträume verschuldet, was aus dem Umstand resultiert, dass ich als „Unrechtallergiker und Rechtrexremist" schlecht abschalten kann, wenn ich mit amtlichem Schwachsinn konfrontiert werde. Zur namentlichen Nennung der Amtsdementen, die nach meiner Überzeugung wegen Uneignung entfernt werden müssten, mangelt es mir nicht an Mut, sondern an den finanziellen Mitteln, die von Nöten wären, um mich vor ungerechtfertigter Verfolgung zu schützen.

Wahrheit, Moral und das Grundgesetz sind Werte, die von vielen, die sie hochhalten sollten, z. B. von Richtern, verspottet werden. Im Namen des Volkes?

Hans Schwarz

Zeitfracht Medien GmbH
Ferdinand-Jühlke-Straße 7
99095 Erfurt, Deutschland
produktsicherheit@kolibri360.de